Helmut Meier

Coole Lieder zum Abc

Persen Verlag

Der Autor

Helmut Meier ist Kabarettist und Kinderliedermacher, also in erster Linie Autor, Komponist und „Bühnenarbeiter".
Neben seinen zahlreichen Auftritten hat er musikalische Projekte mit Kindern und Jugendlichen und Seminare für Lehrer/-innen durchgeführt, mit verschiedenen freien Theatern gearbeitet und Musik für Hörspiele und den Schulfunk eingespielt.
Weitere Informationen über den Autor und seine Veröffentlichungen finden Sie unter www.helmut-meier.de .

Gedruckt auf umweltbewusst gefertigtem, chlorfrei gebleichtem und alterungsbeständigem Papier.

1. Auflage 2012
© Persen Verlag
AAP Lehrerfachverlage GmbH
Alle Rechte vorbehalten.

Das Werk als Ganzes sowie in seinen Teilen unterliegt dem deutschen Urheberrecht. Der Erwerber des Werkes ist berechtigt, das Werk als Ganzes oder in seinen Teilen für den eigenen Gebrauch und den Einsatz im Unterricht zu nutzen. Die Nutzung ist nur für den genannten Zweck gestattet, nicht jedoch für einen weiteren kommerziellen Gebrauch, für die Weiterleitung an Dritte oder für die Veröffentlichung im Internet oder in Intranets. Eine über den genannten Zweck hinausgehende Nutzung bedarf in jedem Fall der vorherigen schriftlichen Zustimmung des Verlages.

Illustrationen: Friederike Großekettler
Satz: Satzpunkt Ursula Ewert GmbH

ISBN 978-3-403-23000-7

www.persen.de

Inhalt

Vorwort	Musik und Sprache	4
Die Lieder	Noten und Texte mit didaktisch-methodischen Hinweisen	
Abc	Alles cool …	6
A/a	Anton, der Affe	10
B/b	Berta, die Bärin	12
D/d	Dora, das Dromedar	14
E/e	Emil Esel	16
K/k	Klick klack Kieselstein	18
L/l	Lila Blaulicht	20
M/m	Das M	22
N/n	Nina Nashorn	24
P/p	Kein Platz im Bus	26
R/r	Der Rabe fand die Rübe	28
ST/Sch	Der Storch	30
V/v-F/f	Vogel-V und Fußball-F	32
W/w	Wie, wann, wo	34
Z/z	Zickzack Schabernack	36
Abc	Ich seh etwas	38
Abc	Das verrückte Abc	39
Übersicht	Lieder auf der CD	40

Vorwort

Musik und Sprache

Seit einigen Jahren pfeifen es die Spatzen von den Dächern: Musik – und ganz speziell das Singen – hilft beim Spracherwerb. Neurologen und Hirnforscher haben inzwischen einige Studien vorgelegt, die diese These eindrucksvoll untermauern. Um so tragischer, dass in den vergangenen Jahrzehnten der Musikunterricht an deutschen Schulen stark verringert wurde. Dabei bin ich durchaus kein Befürworter des „technokratischen" Musikunterrichts – ob ein Schüler oder eine Schülerin unbedingt eine Quinte hörend erkennen und erklären kann, halte ich für sekundär. Eher beeindruckt mich, was Leonhard Bernstein, der große Dirigent und Komponist („Westside Story") zu diesem Thema gesagt haben soll: „Wenn ein Stargeiger seine Solopartitur spielt, kann das durchaus weniger mit Musik zu tun haben, als wenn ein Junge fröhlich pfeifend über die Straße geht." Ganz meine Meinung. Musik, und ganz speziell das Singen, ist Emotion und Ausdruck – das, was auch Sprache im besten Fall spiegelt und transportiert.

Wenn ich mich nun entschlossen habe, der Anregung meines Verlags nachzugeben und einige neue Abc-Lieder dem vorhandenen Liedgut hinzuzufügen, so tue ich dies in der Annahme, dass eine zeitgemäße Umsetzung der Idee, die Grundbausteine der Schriftsprache durch Musik zu vermitteln, ein ehrenwertes, weil Freude und Erfolg vermittelndes Unterfangen ist. Und Freude und Erfolg dürften eine starke Motivation zum Lernen darstellen.

Alle hier vorliegenden Lieder sind von befreundeten Lehrerinnen und Lehrern, aber auch von mir selbst, in Grundschulen ausprobiert worden. Was nicht funktionierte, wurde geändert oder weggelassen. Die Lieder wurden kompositorisch so einfach strukturiert, dass sie leicht erlernbar und singbar sind. Nicht zufällig konnte ich bei den Gesangsaufnahmen mit Kindern einer Grundschule arbeiten – ein geübter Kinderchor wurde nicht gebraucht. Auch lassen sich alle Lieder auf durchaus attraktive Weise nur mit der Gitarre oder dem Klavier begleiten oder unbegleitet singen. Nichtsdestoweniger sind die Lieder auf der CD ansprechend arrangiert – wer sie weniger für den Deutsch- und mehr für den Musikunterricht nutzen will, hat genügend Gelegenheiten, musikalische Eigenheiten und Strukturen zu betrachten und hört neben bei uns bekannten sogar noch in Europa kaum gebräuchliche Musikinstrumente kennen: das Patala aus Myanmar (Birma) z. B., das ähnlich klingt wie ein Xylophon, dessen Klangstäbe aber aus Bambus gefertigt sind. Tim Isfort hat es auf „Anton, der Affe" und „Emil Esel" gespielt; oder die Udu – eine Art Vase, die sich mit ihrem speziellen Klang von bei uns gebräuchlichen Trommeln absetzt. Gerd Breuer hat dieses traditionelle nigerianische Instrument auf „Wie, wann, wo" und „Das verrückte Abc" gespielt. Wer auf all diese Instrumente beim Selbersingen der Lieder nicht verzichten will, benutzt die ebenfalls auf der CD befindlichen Playbacks.

Nicht zuletzt sind alle Lieder auch Spiellieder und damit auf einer weiteren Ebene – meistens in Bewegung – erlebbar. Das macht sie universell einsetzbar. Und spielbar sind sie auch in musikalischer Hinsicht, denn sie sind nicht per Computerprogramm zusammengesetzt worden – sie wurden von Musikern „aus Fleisch und Blut" eingespielt – und das mit großem Vergnügen. Dass wir nicht alle Gitarre spielen können wie Joscho Stephan beim Lied „Zickzack Schabernack" ist ja klar – und auch er, sicherlich einer der besten Gypsy-Swing-Gitarristen Europas, hatte, wie man deutlich hört, Spaß an der Aufnahme. Den wünsche ich Ihnen und Ihren Schülerinnen und Schülern auch: beim Mitsingen, Selbersingen und Spielen. Und wenn alle die Lieder oft genug singen, dann pfeifen auch bald die Spatzen auf den Schuldächern mit. Oder die Stare.

Vorwort

Musiker/-innen und Macher/-innen

Es haben Musik gemacht:
Die Klasse **3 a der GGS Hermann-Grothe** in Duisburg-Bissingheim (Chor),
bestehend aus:

Emirhan, Fabian, Shiva, Julia, Stefanie, Cebrail, Arne, Ben, Maximilian, Jonas, Lea, Katharina, Jolie, Tom, Yannick, Marcel, Emilia und Paul.

Wiebke Knappstein (Kinderstimme solo)
Sharon Osasu Edokpolo (Kinder-Rap-Stimme)

Joscho Stephan: Gypsy-Swing-Akustik-Gitarre
Tim Isfort: Bässe, Kazoo, Klavier, Patala, Percussion
Gerd Breuer: Drums, Udu
Erich Latniak: E-Gitarren
Helmut Meier: Gesang, Gitarren, Mandoline, Flöten, Percussion

Aufnahmen im **Tim Isfort Studio** und mobil in der GGS Hermann-Grothe 2011 und 2012;
Mix im **Tim Isfort Studio** in Duisburg-Baerl 2012.

Vielen Dank: Familie Kristen vom Eselhof Krumstedt; Katja Stockhausen, Barbara Knappstein, Dörte Gährs, Martin Müller, Robert Metcalf; dem gesamten Lehrerinnen-Kollegium der GGS Hermann-Grothe in Duisburg-Bissingheim, der Schulleiterin Frau Schwiening, der Musiklehrerin Frau Heesen-Schmitz und für die inhaltliche und organisatorische Hilfe ganz besonders: **Martha Wolff-Latniak**.

Danke für viele Tipps und Diskussionen und immerwährende Geduld: **Hella Reichel-Lo**.

Ganz herzlichen Dank auch an Frau **Dr. Manthey**, Projektleiterin im Persen Verlag.
Ohne ihre Ermutigung und die Strukturierung meiner chaotischen Vorlagen wäre dieses Buch nicht entstanden.

Alles cool (1)

♩ = 84

© Text + Musik: Helmut Meier

Al-les cool, al-le da? Yo, Mann, al-les klar! Hal-lo, gu-ten Mor-gen, al-les cool, al-le da?

Je-den Tag ler-nen wir was Neu-es, na klar! Wenn ich mich nicht täu-sche und das rich-tig seh',

geht es heu-te los mit dem A-b-c! Al-les cool, al-le da? Yo, Mann, al-les klar!

Mit je-dem neu-en Buch-sta-ben kann ich mehr ver-steh'n, bes-ser

le-sen, bes-ser schrei-ben, durch die Wör-ter-welt geh'n. Ich kann

rap-pen, ich kann text-en und ich weiß, wie man es schreibt, so-dass mein

Text, wenn ich es will, für im-mer bleibt. Wenn du kannst und willst, dann lies mei-nen Text, da-mit du

Schrei-ben, Le-sen und Rap-pen checkst! Wenn du Schrei-ben, Le-sen und Rap-pen checkst!

Hal-lo, gu-ten Mor-gen, al-les cool, al-le da? Je-den Tag ler-nen wir was Neu-es, na klar!

Helmut Meier: Coole Lieder zum ABC
© Persen Verlag

Alles cool (2)

Wenn ich mich nicht täusche und das richtig seh', geht es heute weiter mit dem A - b - c!

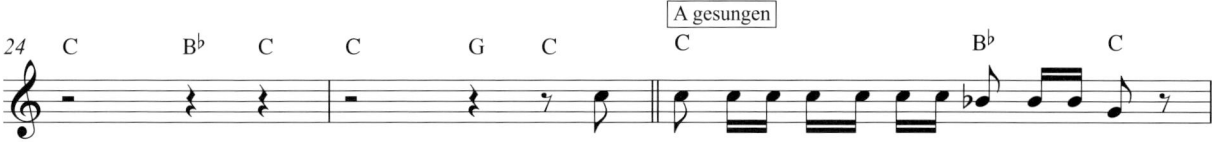

A gesungen

Hallo, guten Morgen, alles cool, alle da? Jeden Tag lernen wir was Neues, na klar! Wenn ich mich nicht täusche und das richtig seh', geht es heute weiter mit dem A - b - c! Alles cool, alle da? Yo, man, alles klar!

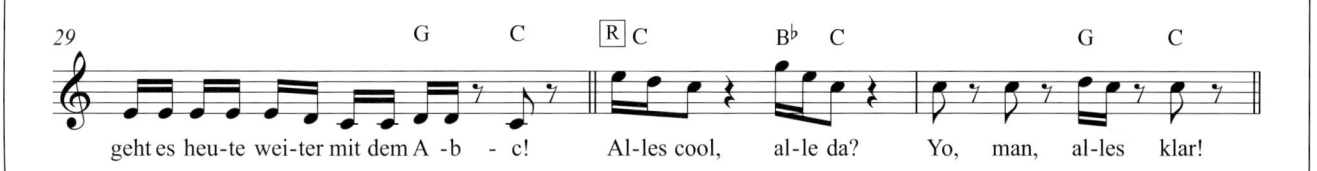

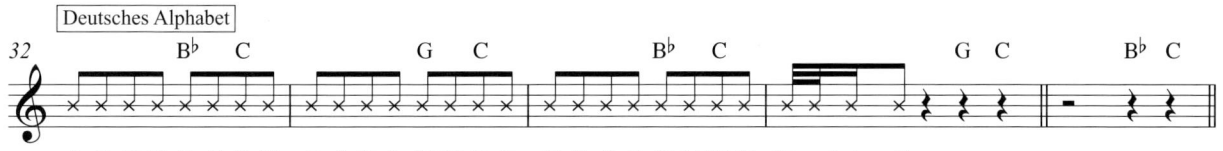

Deutsches Alphabet

A B C D E F G H I J K L M N O P Q R S T U V W X Ypsilon Z.

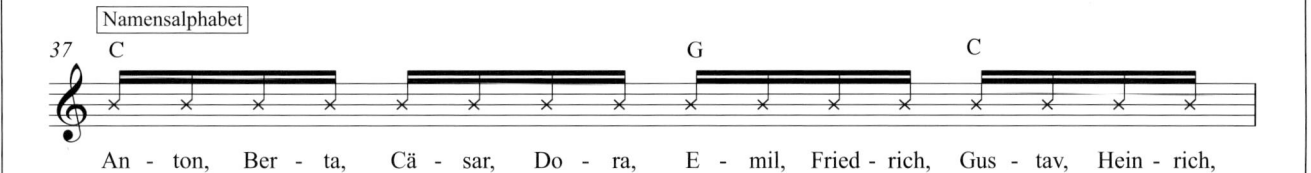

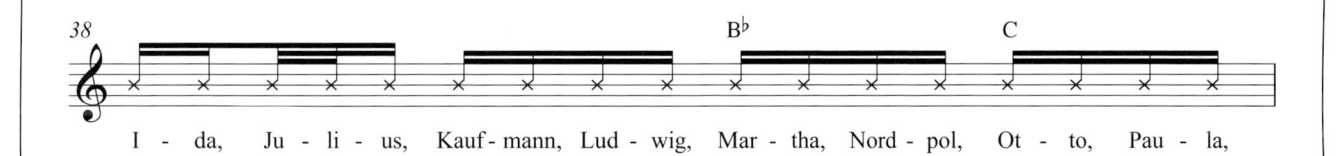

Namensalphabet

Anton, Berta, Cäsar, Dora, Emil, Friedrich, Gustav, Heinrich, Ida, Julius, Kaufmann, Ludwig, Martha, Nordpol, Otto, Paula, Quelle, Richard, Samuel, Theodor, Ulrich, Viktor, Wilhelm, Xaver, Ypsilon, Zacharias.

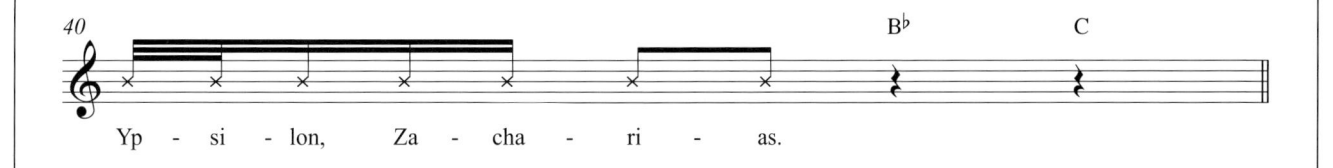

Alles cool (3)

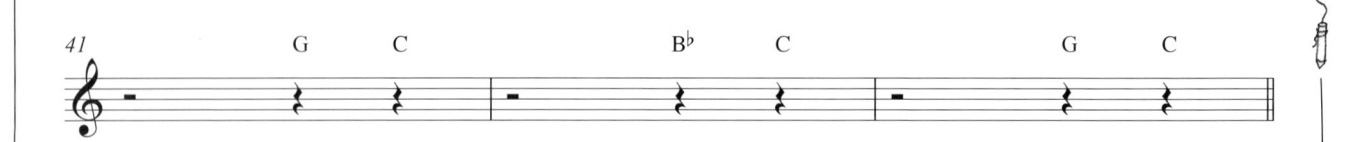

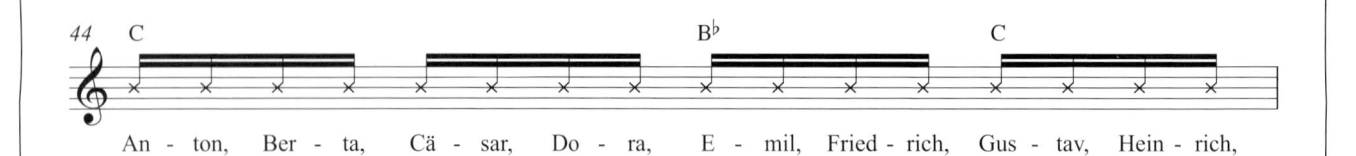

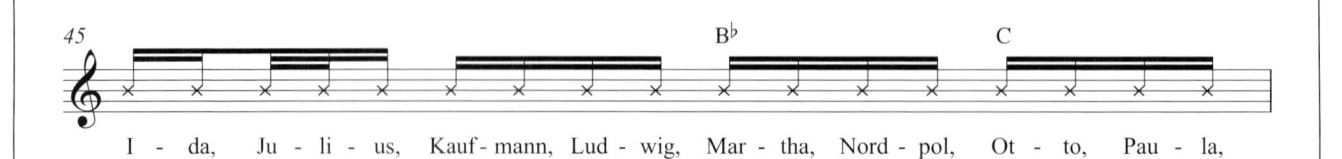

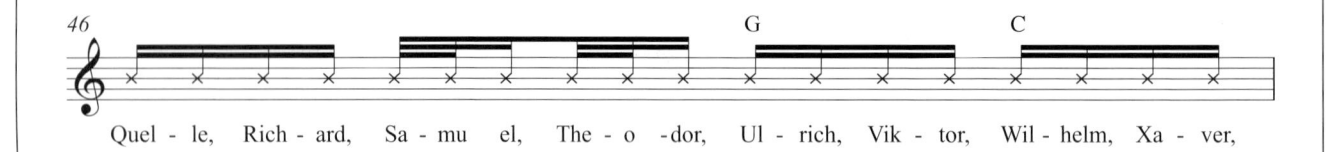

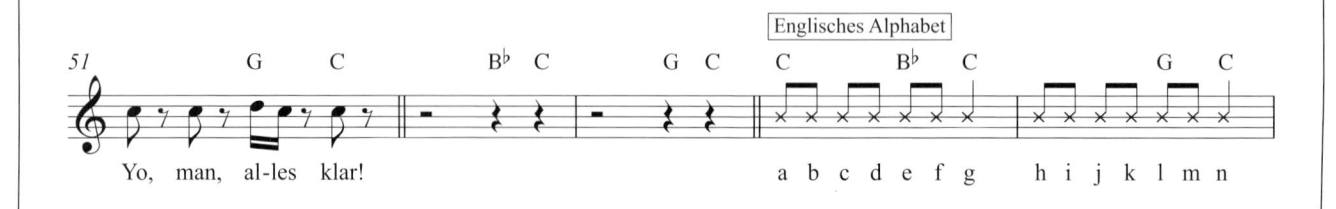

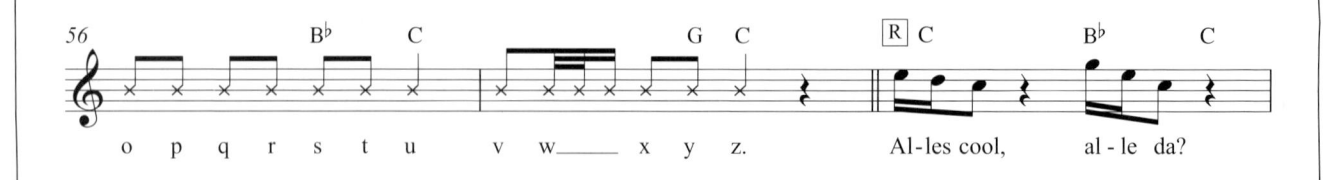

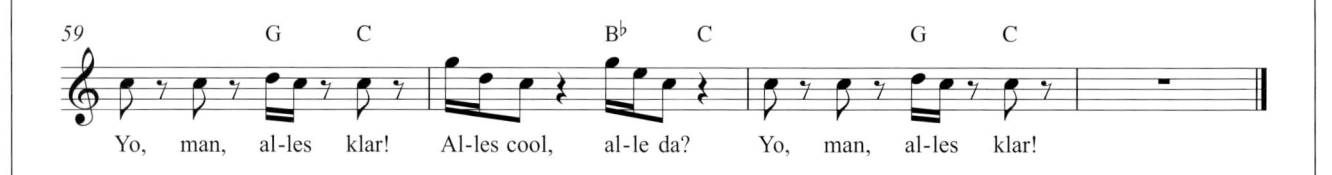

Anton, Berta, Cäsar, Dora, Emil, Friedrich, Gustav, Heinrich, Ida, Julius, Kaufmann, Ludwig, Martha, Nordpol, Otto, Paula, Quelle, Richard, Samuel, Theodor, Ulrich, Viktor, Wilhelm, Xaver, Ypsilon, Zacharias. Alles cool, alle da? Yo, man, alles klar! Alles cool, alle da? Yo, man, alles klar!

Englisches Alphabet

a b c d e f g h i j k l m n o p q r s t u v w x y z. Alles cool, alle da? Yo, man, alles klar! Alles cool, alle da? Yo, man, alles klar!

Alles cool

Helmut Meier

Refrain:

Alles cool? Alle da? Yo, Mann, alles klar!

Strophe A:

Hallo, guten Morgen, alles cool, alle da?

Jeden Tag lernen wir was Neues, na klar!

Wenn ich mich nicht täusche und das richtig seh,

geht es heute los (weiter) mit dem Abc.

Strophe B:

Mit jedem neuen Buchstaben kann ich mehr verstehen,

besser lesen, besser schreiben, durch die Wörterwelt gehen.

Ich kann rappen, ich kann texten und ich weiß, wie man es schreibt,

sodass mein Text, wenn ich das will, für immer bleibt.

Wenn du kannst und willst, dann lies meinen Text,

damit du Schreiben, Lesen und Rappen checkst:

a, b, c, d, e, f, g, h, i, j, k, l, m, n, o, p, q, r, s, t, u, v, w, x, y, z –

Anton, Berta, Cäsar, Dora, Emil, Friedrich, Gustav, Heinrich, Ida, Julius, Kaufmann,

Ludwig, Martha, Nordpol, Otto, Paula, Quelle, Richard, Samuel, Theodor,

Ulrich, Viktor, Wilhelm, Xaver, Ypsilon, Zacharias.

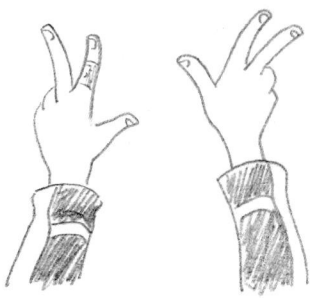

Methodisch-didaktische Hinweise

Mögliche Aufgaben

1. Lerne das Abc genau so flüssig zu rappen wie der Rapper im Lied.
2. Rappe das ganze Lied.
3. Gibt es Wörter im Lied, die du nicht verstehst?

Spielideen

1. Das Lied rappen und dazu den Rhythmus klatschen. Immer, wenn im Lied ein „Hallo" gerufen wird, winken alle.
2. Eigene Bewegungen zum Text überlegen und ausprobieren.

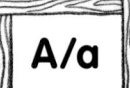

Anton, der Affe

A/a

♩ = 108

© Text + Musik: Helmut Meier

An-ton, der Af-fe, will an die Ba-na-nen, klet-tert auf den Baum, hängt sich an die Li-a-nen, schwingt sich rü-ber ü-ber den Fluss, ver-speist am an-der'n U-fer die Ba-na-nen mit Ge-nuss, ver-na-nen mit Ge-nuss.

An-ton, der Af-fe ist kei-ne Gi-raf-fe. Trotz-dem kann er's schaf-fen, so, wie al-le Af-fen auf den Baum zu klet-tern und zwi-schen al-len Blät-tern run-ter zu gaf-fen, auf die Gi-raf-fen!

Helmut Meier: Coole Lieder zum ABC
© Persen Verlag

Anton, der Affe

Helmut Meier A/a

Anton, der Affe,
will an die Bananen,
klettert auf den Baum,
hängt sich an die Lianen,
schwingt sich rüber über den Fluss,
verspeist am anderen Ufer die Bananen mit Genuss,
verspeist am anderen Ufer die Bananen mit Genuss.

Anton, der Affe,
ist keine Giraffe.
Trotzdem kann er's schaffen,
so, wie alle Affen
auf den Baum zu klettern
und zwischen allen Blättern
runter zu gaffen,
auf die Giraffen,
runter zu gaffen,
auf die Giraffen.

Methodisch-didaktische Hinweise

Mögliche Aufgaben

1. Übermale das große „A" und das kleine „a" im Liedtext, wenn es am Anfang des Wortes steht, mit gelbem Buntstift.
2. Suche weitere Wörter im Lied, in denen ein „a" vorkommt (wie z. B. „Liane") und übermale jedes „a" mit einem grünen Buntstift.
3. Wer von den Schülerinnen und Schülern hat ein „A" im Namen?
4. Kennst du andere Wörter, die ein großes oder ein kleines „A" am Anfang haben und nicht in diesem Lied vorkommen?
5. Sprich die Wörter, die ein „A" enthalten. Klingt das „A" in jedem Wort gleich?
6. Schaut euch gegenseitig auf den Mund, wenn ihr ein „A" sprecht. Wie ist der Mund beim Sprechen geformt?
7. Schreibe viele große und kleine „A" und male einen Affen und eine Giraffe.

Spielideen

1. Das Lied singen und dazu hüpfen. Immer, wenn im Lied ein Wort mit „A" beginnt, leicht in die Grätsche hüpfen, sodass die Beine wie die beiden Balken des großen „A" stehen.
2. Variante: Immer, wenn ein „A" im Wort zu hören ist, wird es mit den Händen und den Unterarmen gezeigt.

Berta, die Bärin

B/b

♩ = 100
© Text + Musik: Helmut Meier

1. Berta, die Bärin, brummte vor sich hin: „Was soll der Blödsinn, Bruno, warum kitzelst du mein Kinn?" „Ich will dir doch nur zeigen, wie gerne ich dich mag." „Du kannst mich gerne haben, den lieben langen Tag. Dabei kannst du für's Mittagsmahl im Wald die Beeren pflücken. Und wenn du sie gebracht hast, dann kraul mir gern den Rücken!"

2. „Du will dir doch nur zeigen, wie gerne ich dich mag." „Du kannst mich gerne haben, den lieben langen Tag. Dabei kannst du für's Abendbrot nach süßem Honig suchen. Und wenn du ihn gefunden hast, dann back uns einen Kuchen." Bruno, der Bär, tapste in den Wald. Da traf er and're Bären, die halfen ihm schon bald. Doch plötzlich brummte Bruno bärig vor sich hin: „Was soll der Blödsinn, Bärbel, warum kitzelst du mein Kinn?" „Ich

3. Bärbel, die Bärin, tapste durch den Wald. Bruno wartet immer noch und Berta schläft schon bald. La la la la la la la la la la la la la la la la la la la.

Berta, die Bärin

Helmut Meier — B/b

Berta, die Bärin, brummte vor sich hin:
Was soll der Blödsinn, Bruno? Warum kitzelst du mein Kinn?
Ich will dir doch nur zeigen, wie gerne ich dich mag.
Du kannst mich gerne haben, den lieben langen Tag.
Dabei kannst du fürs Mittagsmahl im Wald die Beeren pflücken.
Und wenn du sie gebracht hast, dann kraul mir gern den Rücken!

Bruno, der Bär, tapste in den Wald.
Da traf er andere Bären, die halfen ihm schon bald.
Doch plötzlich brummte Bruno bärig vor sich hin:
Was soll der Blödsinn, Bärbel? Warum kitzelst du mein Kinn?
Ich will dir doch nur zeigen, wie gerne ich dich mag.
Du kannst mich gerne haben, den lieben langen Tag.
Dabei kannst du fürs Abendbrot nach süßem Honig suchen.
Und wenn du ihn gefunden hast, dann back uns einen Kuchen.

Bärbel, die Bärin, tapste durch den Wald.
Bruno wartet immer noch und Berta schläft schon bald.

Methodisch-didaktische Hinweise

Mögliche Aufgaben

1. Übermale das große „B" und das kleine „b" im Liedtext, wenn es am Anfang des Wortes steht, mit gelbem Buntstift.
2. Suche weitere Wörter im Lied, in denen ein kleines „b" vorkommt (wie z. B. „haben") und übermale diese mit einem grünen Buntstift.
3. Wer von den Schülerinnen und Schülern hat ein „B" in seinem Namen?
4. Kennst du andere Wörter, die ein großes oder ein kleines „B" am Anfang haben und nicht in diesem Lied vorkommen?
5. Sprich die Wörter, die ein „B" enthalten. Klingt das „B" in jedem Wort gleich? Wo genau spürst du das „B" beim Sprechen?
6. Schaut euch gegenseitig auf den Mund, wenn ihr ein „B" sprecht. Wie ist der Mund beim Sprechen geformt?
7. Schreibe viele große und kleine „B" und male einen Bären, einige Beeren und einen Kuchen.

Spielidee

Zum Lied im Kreis laufen und mitsingen. Immer, wenn ein Wort mit „B" beginnt, werden die beiden B-Bögen mit der Schreibhand groß in die Luft gemalt.

Dora, das Dromedar

D/d

♩ = 80

© Text + Musik: Helmut Meier

Do - ra, das Dro - me - dar, tra - bte durch den Sand, blick - te auf den Ho - ri - zont und dach - te an den Strand. Do - ra, das Dro - me - dar, dach - te an das Meer. Do - ra wur - de durs - tig: „Wo krieg ich Was - ser her?" Do - ra, das Dro - me - dar, fand ein Was - ser - loch. Es trank den gan - zen Nach - mit - tag und auch am A - bend noch. Do - ra, das Dro - me - dar, trank den Tüm - pel leer. Dann trab - te Do - ra durch den Sand und dach - te an das Meer.

...ülps...

14

Helmut Meier: Coole Lieder zum ABC
© Persen Verlag

Dora, das Dromedar

Helmut Meier **D/d**

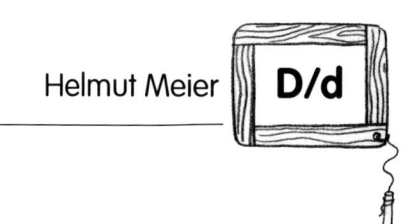

Dora, das Dromedar, trabte durch den Sand,
blickte auf den Horizont und dachte an den Strand.

Dora, das Dromedar, dachte an das Meer.
Dora wurde durstig: „Wo krieg ich Wasser her?"

Dora, das Dromedar, fand ein Wasserloch.
Es trank den ganzen Nachmittag und auch am Abend noch.

Dora, das Dromedar, trank den Tümpel leer.
Dann trabte Dora durch den Sand und dachte an das Meer.

Methodisch-didaktische Hinweise

Mögliche Aufgaben

1. Übermale das große und das kleine „D" im Liedtext, wenn es am Anfang des Wortes steht, mit gelbem Buntstift.
2. Suche weitere Wörter im Lied, in denen ein „D" vorkommt (wie z. B. „Dromedar") und übermale diese „D" mit einem grünen Buntstift.
3. Wer von den Schülerinnen und Schülern hat ein „D" im Namen?
4. Kennst du andere Wörter, die ein großes oder ein kleines „D" am Anfang haben und nicht in diesem Lied vorkommen?
5. Sprich die Wörter, die ein „D" enthalten. Klingt das „D" in jedem Wort gleich? Wo im Wort steht das „D", wenn es besonders hart klingt? Wo genau spürst du das „D" beim Sprechen?
6. Schaut euch gegenseitig auf den Mund, wenn ihr ein „D" sprecht. Wie ist der Mund beim Sprechen geformt?
7. Schreibe viele große und kleine „D" und male das Dromedar in der Wüste.

Spielidee

Das Lied singen und dazu laufen. Immer, wenn im Lied ein Wort mit „D" erklingt, leicht die Knie anziehen, sodass es ein bisschen nach einem trabenden Dromedar aussieht. Beim Wort „Dromedar" z. B. müsste man schon zweimal die Knie hochziehen.

Emil Esel

E/e

♩ = 90

© Text + Musik: Helmut Meier

E-mil E-sel är-gert sich über U-li Un-ke, a-ber eins ist klar: Al-le an-dern sind er-freut.

On-kel Ot-to O-chse stößt mit sei-nen Hör-nern nur aus Ü-ber-mut an die Häu-ser-wand.

Emil Esel

Helmut Meier   E/e

Emil Esel ärgert sich

über Uli Unke.

Aber eins ist klar:

Alle andern sind erfreut.

Onkel Otto Ochse

stößt mit seinen Hörnern

nur aus Übermut

an die Häuserwand.

Methodisch-didaktische Hinweise

Mögliche Aufgaben

1. Übermale die Selbstlaute im Liedtext mit gelbem Buntstift.
2. Im Text stehen Wörter hintereinander, die mit dem gleichen Selbstlaut beginnen. Übermale diese Selbstlaute grün.
3. Sprich die einzelnen Selbstlaute langsam und finde heraus, welche unterschiedlichen Buchstaben ähnlich klingen.
4. Kannst du herausfinden, von welchen Buchstaben das „Ä", das „Ö" und das „Ü" abstammen?
5. Kannst du herausfinden, warum „erfreut" mit „eu", „Häuser" aber mit „äu" geschrieben wird?
6. Schaut euch gegenseitig auf den Mund, wenn ihr ein „eu", ein „ä", ein „ö", ein „ü", ein „ei" sprecht. Wie ist der Mund geformt?
7. Schreibe alle großen und kleinen Selbstlaute, auch die Umlaute, die du im Lied gefunden hast. Male einen Esel.

Spielidee

Denkt euch gemeinsam für jeden Selbstlaut eine große Gebärde aus. Stellt euch im Kreis auf. Ein Kind zeigt einen Vokal, alle anderen wiederholen die Gebärde. Anschließend treten die Kinder in den Kreis, deren Namen den Vokal enthält. Es wird gemeinsam überprüft, ob der Vokal richtig erkannt wurde. Das nächste Kind zeigt die Gebärde für einen anderen Laut.

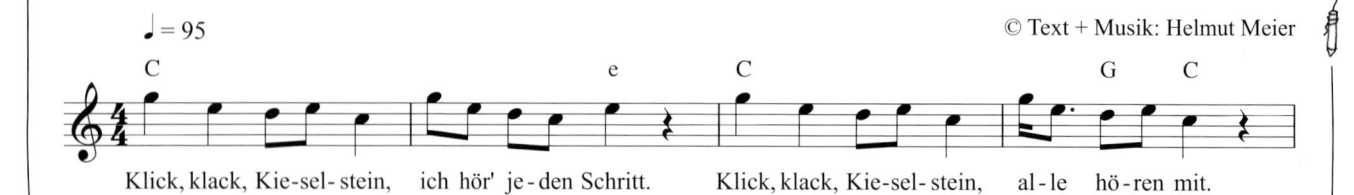

Klick klack Kieselstein

K/k

♩ = 95
© Text + Musik: Helmut Meier

Klick, klack, Kie-sel-stein, ich hör' je-den Schritt. Klick, klack, Kie-sel-stein, al-le hö-ren mit.

Klick, klack, Kie-sel-stein, wer kommt da ge-rannt? Klick, klack, Kie-sel-stein, hab dich gleich er-kannt.

Klick klack Kieselstein

Helmut Meier — K/k

Klick, klack, Kieselstein,

ich hör jeden Schritt.

Klick, klack, Kieselstein

alle hören mit.

Klick, klack, Kieselstein,

wer kommt da gerannt?

Klick, klack, Kieselstein

hab dich gleich erkannt.

Methodisch-didaktische Hinweise

Mögliche Aufgaben

1. Übermale das große „K" im Liedtext, wenn es am Anfang des Wortes steht, mit gelbem Buntstift.
2. Suche Wörter im Lied, in denen ein kleines „k" vorkommt (wie z. B. „klack") und übermale diese mit einem grünen Buntstift.
3. Wer von den Schülerinnen und Schülern hat ein „K" im Namen?
4. Kennst du andere Wörter, die ein großes oder ein kleines „K" am Anfang haben und nicht in diesem Lied vorkommen?
5. Sprich die Wörter, die ein „K" enthalten. Klingt das „K" in jedem Wort gleich? Wo genau spürst du das „K" beim Sprechen?
6. Schaut euch gegenseitig auf den Mund, wenn ihr ein „K" sprecht. Wie ist der Mund beim Sprechen geformt?
7. Schreibe viele große und kleine „K" und male einen Kieselstein und einen Käfer.

Spielideen

1. Das Lied singen. Immer, wenn im Lied ein „K" vorkommt, in die Hände klatschen. Bei „Klick" zweimal klatschen!
2. Variante: Das Lied singen und dabei gehen, wenn ein „K" vorkommt, in die Hände klatschen. Bei „Klick" zweimal klatschen!

Lila Blaulicht

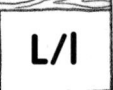

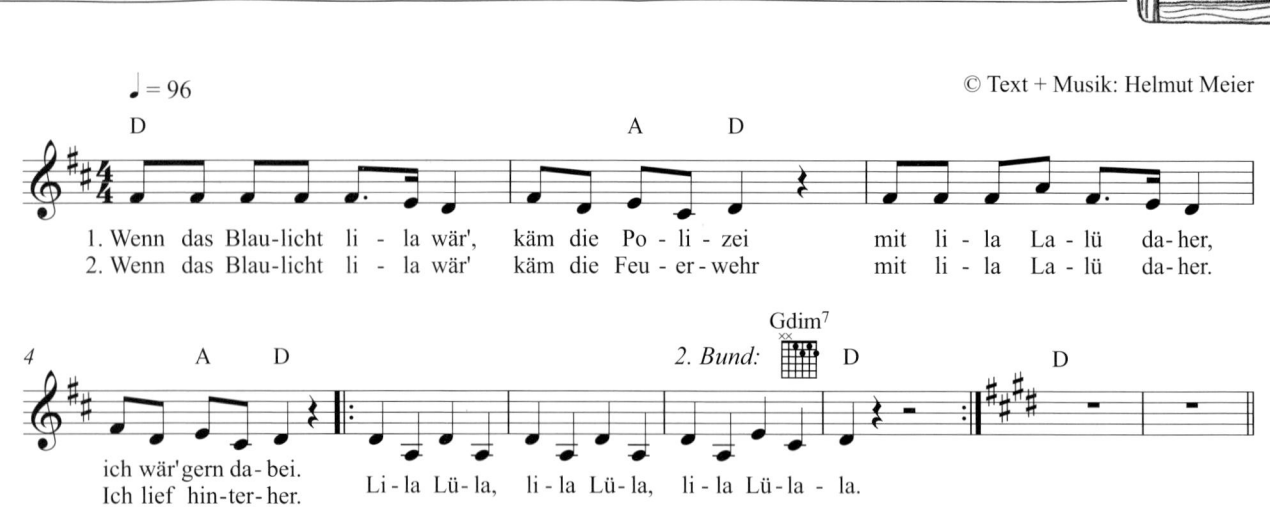

© Text + Musik: Helmut Meier

♩ = 96

1. Wenn das Blau-licht li - la wär', käm die Po - li - zei mit li - la La - lü da - her,
2. Wenn das Blau-licht li - la wär' käm die Feu - er - wehr mit li - la La - lü da - her.

ich wär' gern da - bei.
Ich lief hin - ter - her.
Li - la Lü - la, li - la Lü - la, li - la Lü - la - la.

3. Wenn das Blau-licht li - la wär', käm der Kran-ken-wa-gen mit li - la La - lü da - her. Es

geht um Kopf und Kra - gen. Li - la Lü - la, li - la Lü - la, li - la Lü - la - la.

Hinweis: Gdim7 = G0 / Adim7 = A0

Lila Blaulicht

Helmut Meier — L/l

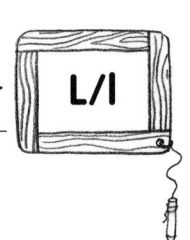

Wenn das Blaulicht lila wär,
käm die Polizei
mit lila Lalü daher.
Ich wär gern dabei.

Refrain: ‖: Lila Lüla, lila Lüla, lila Lülala :‖

Wenn das Blaulicht lila wär,
käm die Feuerwehr
mit lila Lalü daher.
Ich lief hinterher.

Refrain: ‖: Lila Lüla, lila Lüla, lila Lülala :‖

Wenn das Blaulicht lila wär,
käm der Krankenwagen
mit lila Lalü daher.
Es geht um Kopf und Kragen.

Refrain: ‖: Lila Lüla, lila Lüla, lila Lülala :‖

Methodisch-didaktische Hinweise

Mögliche Aufgaben

1. Übermale das große „L" und das kleine „l" im Liedtext, wenn es am Anfang des Wortes steht, mit gelbem Buntstift.
2. Suche weitere Wörter im Lied, in denen ein „l" vorkommt (wie z. B. „Lila") und übermale diese „l" mit einem grünen Buntstift.
3. Wer von den Schülerinnen und Schülern hat ein „L" im Namen?
4. Kennst du andere Wörter, die ein großes oder ein kleines „L" am Anfang haben und nicht in diesem Lied vorkommen?
5. Sprich die Wörter, die ein „L" enthalten. Klingt das „L" in jedem Wort gleich? Wo genau spürst du das „L" beim Sprechen?
6. Schaut euch gegenseitig auf den Mund, wenn ihr ein „L" sprecht. Wie ist der Mund beim Sprechen geformt?
7. Schreibe viele große und kleine „L" und male eines der Fahrzeuge mit lila Blaulicht.

Spielidee

Das Lied singen und immer, wenn ein „L" vorkommt, über dem Kopf das sich drehende Blaulicht zeigen.

Das M

♩ = 114

© Text + Musik: Helmut Meier

Ein M steht auf zwei Bei-nen. Es summt so gut ge-launt, weil's mehr kann, als die an-dern. Schaut ein-fach her und staunt. Steht's auf-recht, ist's ein M. Ein Summ-ton, wie man meint. Dreht man's her-um, so wird es zum „W" im Wört-chen „weint". Wir lie-ben gu-te Lau-ne, drum dreh'n wir's noch-mal um. Ich freu-e mich und stau-ne, nehm's in den Mund und summ. Mmmh mmh mmh, mmh mmh mmh, mmh mmh mmh, mmh mmh mmh.

Mmh mmh mmh mmh mmh mmh mmh mmh mmh mmh

mmh mmh mmh mmh mmh mmh mmh mmh mmh mmh mmh mmh mmh mmh.

Das M

Helmut Meier **M/m**

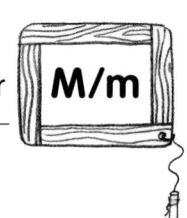

Ein M steht auf zwei Beinen.
Es summt so gut gelaunt,
weil's mehr kann, als die andern.
Schaut einfach her und staunt.

Steht's aufrecht, ist's ein M.
Ein Summton, wie man meint.
Dreht man's herum, so wird es
zum W im Wörtchen „weint".

Wir lieben gute Laune,
drum drehen wir's noch mal um.
Ich freue mich und staune,
nehm's in den Mund und summ.

Mmmh, mmmhh

Methodisch-didaktische Hinweise

Mögliche Aufgaben

1. Übermale das große „M" und das kleine „m" im Liedtext, wenn es am Anfang des Wortes steht, mit gelbem Buntstift.
2. Suche weitere Wörter im Lied, in denen ein kleines „m" vorkommt (wie z. B. „summt") und übermale diese „m" mit einem grünen Buntstift.
3. Wer von den Schülerinnen und Schülern hat ein „M" im Namen?
4. Kennst du andere Wörter, die ein großes oder ein kleines „M" am Anfang haben und nicht in diesem Lied vorkommen?
5. Sprich die Wörter, die ein „M" enthalten. Klingt das „M" in jedem Wort gleich? Wo genau spürst du das „M" beim Sprechen?
6. Schaut euch gegenseitig auf den Mund, wenn ihr ein „M" sprecht. Wie ist der Mund beim Sprechen geformt?
7. Schreibe viele große und kleine „M" und male Tiere, die „Worte" mit „M" „sprechen" (Biene, Katze, Kuh, Schaf).

Spielidee

Das Lied singen und immer, wenn ein Wort mit „M" vorkommt, leicht in die Grätsche hüpfen. Gleichzeitig die Arme nach unten nehmen und die Hände falten, sodass die Fingerspitzen zum Boden zeigen.

Nina Nashorn

N/n

♩ = 74 © Text + Musik: Helmut Meier

Ni-na Nas-horn muss-te nie-sen, doch der Nie-ser wollt nicht raus. Da schubs-ten al-le Nas hör-ner die Ni-na aus dem Kreis her-aus. Ni-na Nas-horn buck-el-te und lief wild um den Kreis her-um. Es rum-pel-te und pum-pel-te und krach-te und es ging kra-wumm. Plötz-lich blieb die Ni-na steh-en und der Nie-ser kam her-aus: Ha-tschiii! Für das Nie-sen krieg-te Ni-na von den Nas-hör-nern Ap-plaus!

Ni-na Nas-horn muss-te nie-sen, doch der ... *(d.c., usw.)*

Nina Nashorn

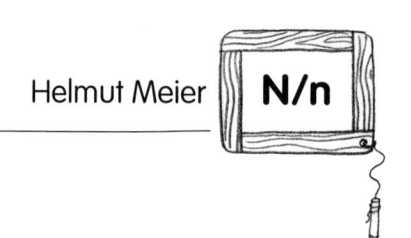

Helmut Meier — N/n

Nina Nashorn musste niesen,
doch der Nieser wollt nicht raus.
Da schubsten alle Nashörner
die Nina aus dem Kreis heraus.

Nina Nashorn buckelte und lief wild um den Kreis herum.
Es rumpelte und pumpelte und krachte und es ging krawumm.

Plötzlich blieb die Nina stehen,
und der Nieser kam heraus --- Hatschiii!
Für das Niesen kriegte Nina
von den Nashörnern Applaus!

Methodisch-didaktische Hinweise

Mögliche Aufgaben

1. Übermale das große „N" und das kleine „n" im Liedtext, wenn es am Anfang des Wortes steht, mit gelbem Buntstift.
2. Suche weitere Wörter im Lied, in denen ein kleines „n" vorkommt (wie z. B. „schubsten") und übermale diese mit einem grünen Buntstift.
3. Wer von den Schülerinnen und Schülern hat ein „N" im Namen?
4. Kennst du andere Wörter, die ein großes oder ein kleines „N" am Anfang haben und nicht in diesem Lied vorkommen?
5. Sprich die Wörter, die ein „N" enthalten. Klingt das „N" in jedem Wort gleich? Wo genau spürst du das „N" beim Sprechen?
6. Schaut euch gegenseitig auf den Mund, wenn ihr ein „N" sprecht. Wie ist der Mund beim Sprechen geformt?
7. Schreibe viele große und kleine „N" und male ein Nashorn.

Spielidee

Alle Kinder bilden einen Kreis. Umlaufend wird das „Abc" aufgesagt. Das kann variiert werden. Jedes Kind kann einen, zwei oder drei Buchstaben hintereinander sagen. Wer anfängt und wie viele Buchstaben pro Kind aufgesagt werden, wird von der Lehrerin bzw. vom Lehrer oder einem Kind bestimmt. Wer das „N" sagt, ist „Nina Nashorn" und muss zum Takt des Liedes um den Kreis laufen. Beim „Hatschi" bleibt „Nina" stehen und unter dem Applaus aller Kreiskinder wechselt „sie" die Rolle mit dem Kind, bei dem sie stehen geblieben ist. Das Lied beginnt von vorn. Das in den Kreis gewechselte Kind beginnt beim A und die neue Nina läuft los.

Kein Platz im Bus

P/p

© Text + Musik: Helmut Meier

Kein Platz im Bus, kein Platz im Bus, so-dass der O-pa steh-en muss. Kein Platz im Bus, kein Platz im Bus, so-dass der O-pa steh-en muss. Der Paul ist höf-lich und zeigt an, dass sich der O-pa setz-en kann. Jetzt stoppt der Bus, Ma-rie steigt aus. Paul setzt sich hin, er ist fein raus. Frau Mül-ler springt die Stu-fen hoch und ruft „Potz-blitz! Das fehlt mir noch!" Kein ... *usw.*

Helmut Meier: Coole Lieder zum ABC
© Persen Verlag

Kein Platz im Bus

Helmut Meier P/p

Refrain: ||:
Kein Platz im Bus, kein Platz im Bus,
sodass der Opa stehen muss. :||

Strophe:
Der Paul ist höflich und zeigt an,
dass sich der Opa setzen kann.
Jetzt stoppt der Bus, Marie steigt aus.
Paul setzt sich hin, er ist fein raus.
Frau Müller springt die Stufen hoch
und ruft „Potzblitz! Das fehlt mir noch!"

Refrain: ||:
Kein Platz im Bus, kein Platz im Bus,
sodass Frau Müller stehen muss. :||

Strophe:
Der Bert ist höflich und zeigt an,
dass sich Frau Müller setzen kann.
Jetzt stoppt der Bus und Pit steigt aus.
Bert setzt sich, es sieht prächtig aus.
Herr Hansen kommt zur Tür herein
und flüstert leis: „Das kann nicht sein!"

Refrain: ||:
Kein Platz im Bus, kein Platz im Bus,
sodass Herr Hansen stehen muss. :||

Strophe:
Yvonne ist höflich und zeigt an,
dass sich Herr Hansen setzen kann.
Jetzt stoppt der Bus und Klaus springt raus.
Yvonne setzt sich, es sieht gut aus.
Denn niemand steigt hier in den Bus,
sodass auch niemand stehen muss.

Refrain: ||:
Viel Platz im Bus, viel Platz im Bus,
sodass auch niemand stehen muss. :||

Methodisch-didaktische Hinweise

Mögliche Aufgaben

1. Übermale das große „P" und das kleine „p" im Liedtext, wenn es am Anfang des Wortes steht, mit gelbem Buntstift.
2. Suche weitere Wörter im Lied, in denen ein kleines „p" vorkommt (wie z.B. „stoppt") und übermale diese mit einem grünen Buntstift.
3. Wer von den Schülerinnen und Schülern hat ein „P" im Namen?
4. Kennst du andere Wörter, die ein großes oder ein kleines „P" am Anfang haben und nicht in diesem Lied vorkommen?
5. Sprich die Wörter, die ein „P" enthalten. Klingt das „P" in jedem Wort gleich?
6. Schaut euch gegenseitig auf den Mund, wenn ihr ein „P" sprecht. Wie ist der Mund beim Sprechen geformt?
7. Schreibe viele große und kleine „P" und male den Opa und Paul.

Spielidee

Alle Kinder bis auf drei bilden einen Kreis, der eine „Einstiegslücke" hat. Zwei Kinder (Frau Müller, Herr Hansen) stehen außerhalb des Kreises, eines (Opa) drinnen. Gemeinsam wird der Anfangs-Refrain des Liedes gesungen. Auch die Rollen der anderen Kinder werden bestimmt: drei höfliche Kinder (Paul, Bert, Yvonne), sowie drei Kinder, die nacheinander aus dem Bus steigen (Marie, Pit, Klaus). Singend oder CD-hörend wird der Text nachgespielt. Zusätzlich könnten alle bei jedem „P", das gesungen wird, in die Hände klatschen.

Der Rabe fand die Rübe

Helmut Meier R/r

Der Rabe fand die Rübe,

die wollte doch das Häschen.

Die Stimmung wurde trübe.

„Warum rümpfst du dein Näschen?",

so krächzte laut der Rabe.

„Nun ja", begann das Häschen,

„weil ich nun nichts mehr habe,

was ich fressen könnte."

„Als ob ich's dir nicht gönnte!"

Der Rabe mit der Rübe

flog fort, so schnell er konnte.

Da ruft's herab vom Ast:

„Ich teile gern mit dir.

Sieh her, ich mache Rast.

Komm doch hinauf zu mir!"

Seither übt Häschen Fliegen,

rennt zickzack über Stoppeln.

Es ist nicht hinzukriegen,

ein Häschen kann nur hoppeln.

Der Rabe fand die Rübe

Helmut Meier

R/r

Methodisch-didaktische Hinweise

Mögliche Aufgaben

1. Übermale das große „R" und das kleine „r" im Text, wenn es am Anfang des Wortes steht, mit gelbem Buntstift.
2. Suche weitere Wörter im Text, in denen ein kleines „r" vorkommt (wie z. B. „trübe") und übermale diese mit einem grünen Buntstift.
3. Wer von den Schülerinnen und Schülern hat ein „R" im Namen?
4. Kennst du andere Wörter, die ein großes oder ein kleines „R" am Anfang haben und nicht in diesem Text vorkommen?
5. Sprich die Wörter, die ein „R" enthalten. Klingt das „R" in jedem Wort gleich?
6. Schaut euch gegenseitig auf den Mund, wenn ihr ein „R" sprecht. Wie ist der Mund beim Sprechen geformt?
7. Schreibe viele große und kleine „R" und male einen Raben und einen Hasen.

Spielidee

Der Inhalt des Gedichts kann von zwei Kindern nachgespielt werden.

Der Storch

St/Sch

© Text + Musik: Helmut Meier

♩ = 104

Der Storch sagt „Horch! Wie ich klap-pern kann!" Das Schaf schaut brav, es stellt nichts Schlim-mes an. Das Pferd ver-kehrt auf Stra-ßen und auf Pfa-den. Das Fluss-pferd muss nicht spring-en, son-dern ba-den.

Der Storch

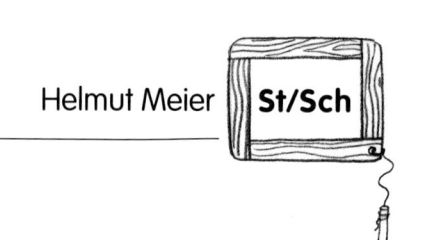

Helmut Meier — St/Sch

Der Storch sagt „Horch!

Wie ich klappern kann!"

Das Schaf schaut brav,

es stellt nichts Schlimmes an.

Das Pferd verkehrt

auf Straßen und auf Pfaden.

Das Flusspferd muss

nicht springen, sondern baden.

Methodisch-didaktische Hinweise

Mögliche Aufgaben

1. Übermale „St" und „Sch" im Liedtext mit gelbem Buntstift.
2. Sprich die Wörter, die du unterstrichen hast. Klingt das „S" wie sonst auch? Wo spürst du das „S" sonst beim Sprechen, wo jetzt?
3. Fallen dir noch andere Wörter ein, die ein großes oder ein kleines „St" oder „Sch" am Anfang haben und nicht in diesem Lied vorkommen?
4. Schaut euch gegenseitig auf den Mund, wenn ihr ein „St", „Sch" sprecht. Wie ist der Mund geformt?
5. Male ein Tier, das mit „St" oder „Sch" anfängt.

Spielidee

Die Kinder werden in vier Gruppen geteilt und stehen im Kreis. Jeweils eine Gruppe wird den Buchstabenkombinationen „St", „Sch", „Sp" und „Pf" zugeordnet. Immer, wenn diese Laute erkannt werden, macht die entsprechende Gruppe eine Kniebeuge. Danach wechselt die Zuordnung.

Vogel-V und Fußball-F

V/v
F/f

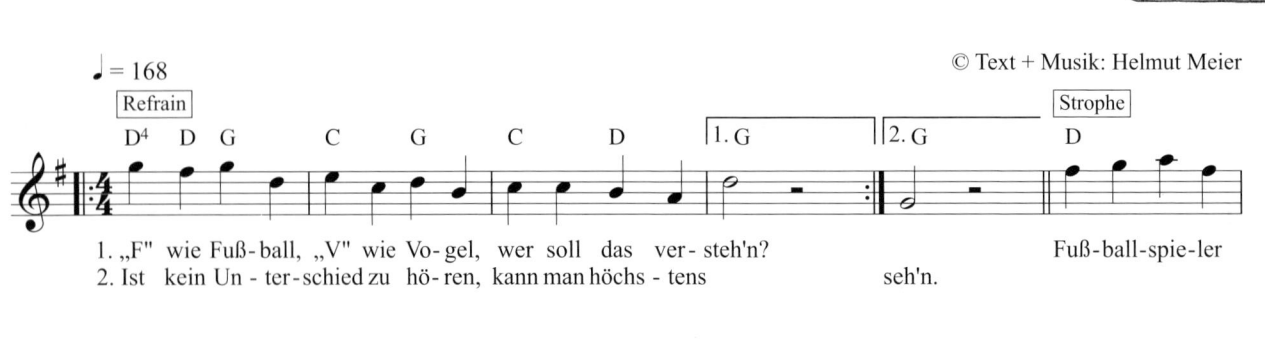

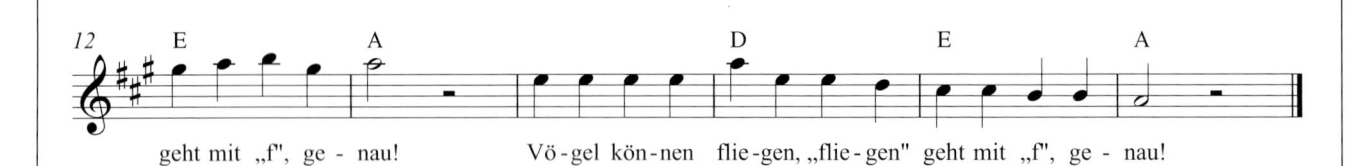

♩ = 168

© Text + Musik: Helmut Meier

1. „F" wie Fuß-ball, „V" wie Vo-gel, wer soll das ver-steh'n?
2. Ist kein Un-ter-schied zu hö-ren, kann man höchs-tens seh'n.

Fuß-ball-spie-ler lau-fen viel und „viel" be-ginnt mit „v". Vö-gel kön-nen flie-gen, „flie-gen" geht mit „f", ge-nau! Vö-gel kön-nen flie-gen, „flie-gen" geht mit „f", ge-nau!

Vogel-V und Fußball-F

Helmut Meier — V/v F/f

Refrain: „F" wie Fußball, „V" wie Vogel, wer soll das verstehen?
Ist kein Unterschied zu hören, kann man höchstens sehen.

Strophe: Fußballspieler laufen viel und „viel" beginnt mit „v".
II: Vögel können fliegen, fliegen geht mit „f" – genau! :II

Refrain: „F" wie Fußball, „V" wie Vogel, wer soll das verstehen?
Ist kein Unterschied zu hören, kann man höchstens sehen.

Strophe: Vögel fressen Fliegen – und das führt zum Fluchtversuch!
II: Fußballspieler flüchten vor den Fliegen auf der Flucht. :II

Refrain: II: „F" wie Fußball, „V" wie Vogel, wer soll das verstehen?
Ist kein Unterschied zu hören, kann man höchstens sehen. :II

Methodisch-didaktische Hinweise

Mögliche Aufgaben

1. Übermale das große „F" und das kleine „f" im Liedtext mit gelbem Buntstift.
2. Übermale das große „V" und das kleine „v" im Liedtext mit grünem Buntstift.
3. Wer hat ein „F" in seinem Namen?
4. Wer hat ein „V" in seinem Namen?
5. Kennst du andere Wörter, die ein großes oder ein kleines „F" am Anfang haben und nicht in diesem Lied vorkommen?
6. Kennst du andere Wörter, die ein großes oder ein kleines „V" am Anfang haben und nicht in diesem Lied vorkommen?
6. Schaut euch gegenseitig auf den Mund, wenn ihr ein „F" sprecht. Wie ist der Mund beim Sprechen geformt? Sprecht ein „V". Ist er beim „V" anders geformt?
7. Schreibe viele große und kleine „F" und male einen Fußballspieler.
8. Schreibe viele große und kleine „V" und male einen großen Vogel.

Hinweis: Manche „V" werden wie ein „W" gesprochen – zum Beispiel Vampir, Vase, Villa, Vulkan oder Vera.)

Spielideen

Dieses Lied lässt sich gestisch mitspielen. Die Kinder können das „F" mit zwei zu einer Seite vom Körper weg gestreckten Armen andeuten, ebenso das „V" mit zwei nach oben auseinander gestreckten Armen. Beim Wort „kein" deutet man mit den Zeigefingern und Kopfschütteln eine Verneinung an, beim Wort „hören" deutet man auf seine Ohren usw.

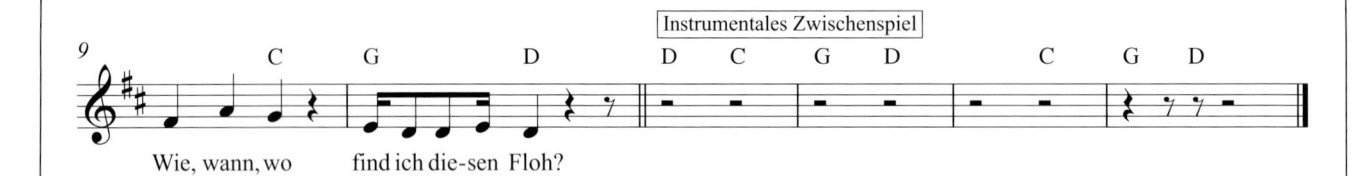

Wie, wann, wo

W/w

© Text + Musik: Helmut Meier

Wie, wann, wo find ich end-lich die-sen Floh? Wie, wann, wo find ich die-sen Floh? Er beißt und zwackt und zwickt mich, es juckt, ich reib' und kratz' mich. Wie, wann, wo find ich end-lich die-sen Floh?

Instrumentales Zwischenspiel

Wie, wann, wo find ich die-sen Floh?

Wie, wann, wo

Helmut Meier — W/w

||: Wie, wann, wo find ich (endlich) diesen Floh? :||
Er beißt und zwackt und zwickt mich.
Es juckt, ich reib und kratz mich.
||: Wie, wann, wo find ich (endlich) diesen Floh? :||

||: Wann, wo, wie hüpft(e mir) der Floh aufs Knie? :||
Ich schlag nach ihm – er springt fort.
Jetzt seh ich ihn bei dir – dort!
||: Wann, wo, wie hüpfte dir der Floh aufs Knie? :||

||: Wo, wie, wann ist der (freche) Floh wohl dran? :||
Jetzt hüpft er um sein Leben.
Ach schau, da kommt soeben
hier und jetzt sein Zufalls-Lebensretter an.
Struppig, haarig, rund: Lebensretter Hund.

Please, tell me, what can I do to catch this flea?
Please, tell me, how can I catch this flea?
It bites and stings and hurts me.
It tweaks me and I scratch myself.
Please, tell me, what can I do to catch this flea?
Please, tell me, how can I catch this flea?

Methodisch-didaktische Hinweise

Mögliche Aufgaben

1. Übermale das große „W" und das kleine „w" im Liedtext mit gelbem Buntstift.
2. Sprich die deutschen Wörter, die du unterstrichen hast. Klingt das „W" in jedem Wort gleich? Wo spürst du das „W" beim Sprechen?
3. Fallen dir noch andere Wörter ein, die ein großes oder ein kleines „W" am Anfang haben und nicht in diesem Lied vorkommen?
4. Schaut euch gegenseitig auf den Mund und sprecht ein „W". Wie ist der Mund geformt? Versuche herauszufinden, welche Buchstaben du beim Sprechen so ähnlich formst, wie das „W". Warum klingen sie anders?
5. Schreibe das große „W" und das kleine „w" und male Wellen.

Spielidee

Das Lied singen und im Takt klatschen. Immer, wenn im Lied ein Wort mit „W" beginnt, paarweise die Arme hoch strecken. Eine Hand fasst dabei die Hand des Nachbarn oder der Nachbarin, die andere Hand bleibt frei in der Luft, sodass ein „W" dargestellt wird. Eine Sekunde halten und weiter geht's mit dem Klatschen.

Zickzack Schabernack

Z/z

© Text + Musik: Helmut Meier

1. Zick-zack, Scha-ber-nack, auf der Näh-ma-schi-ne. Zick-zack, Scha-ber-nack, näht Frau Cle-men-ti-ne,
2. Zick-zack, Scha-ber-nack, in der Zeit-ma-schi-ne. Zick-zack, Scha-ber-nack, zieht Frau Zep-pe-li-ne,
3. Zick-zack, Scha-ber-nack, zau-bert dir die He-xe. Zick-zack, Scha-ber-nack, zwan-zig-tau-send Kleck-se,

1. Strophe
Zick-zack, Scha-ber-nack, ei-ne grü-ne Ho-se. Zick-zack, Scha-ber-nack, für die ro-te Ro-se.

2. Strophe
Zick-zack, Scha-ber-nack, zü-gig ü-bers Him-mels-zelt. Zick-zack, Scha-ber-nack, hofft, dass sie nicht run-ter-fällt.

3. Strophe
Zick-zack, Scha-ber-nack, in dein neu-es Schreib-heft, Zick-zack, Scha-ber-nack, bis sie end-lich ein-schläft.

Helmut Meier: Coole Lieder zum ABC
© Persen Verlag

Zickzack Schabernack

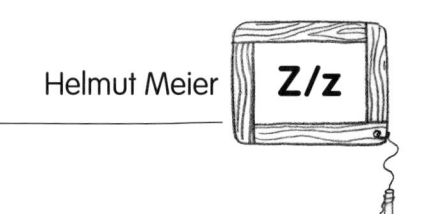

Helmut Meier Z/z

Zickzack, Schabernack, auf der Nähmaschine

Zickzack, Schabernack, näht Frau Clementine

Zickzack, Schabernack, eine grüne Hose

Zickzack, Schabernack, für die rote Rose.

Zickzack, Schabernack, in der Zeitmaschine

Zickzack, Schabernack, zieht Frau Zeppeline

Zickzack, Schabernack, zügig übers Himmelszelt

Zickzack, Schabernack, hofft, dass sie nicht runterfällt.

Zickzack, Schabernack, zaubert dir die Hexe

Zickzack, Schabernack, zwanzigtausend Kleckse

Zickzack, Schabernack, in dein neues Schreibheft

Zickzack, Schabernack, bis sie endlich einschläft.

Methodisch-didaktische Hinweise

Mögliche Aufgaben

1. Übermale das große „Z" und das kleine „z" im Liedtext mit gelbem Buntstift.
2. Sprich die Wörter, die du unterstrichen hast. Klingt das „Z" in jedem Wort gleich? Wo spürst du das „Z" beim Sprechen?
3. Fallen dir andere Wörter ein, die ein großes oder ein kleines „Z" am Anfang haben und nicht in diesem Lied vorkommen?
4. Schaut euch gegenseitig auf den Mund, wenn ihr ein „Z" sprecht. Wie ist der Mund beim Sprechen geformt?
5. Schreibe das große „Z" und das kleine „z". Male einen Zeppelin.

Spielideen

1. Das Lied singen. Immer, wenn im Lied ein Wort mit „Z" beginnt, blitzschnell einen gezackten Blitz zeigen.
2. Variante: Wie 1., dabei geht man im Rhythmus des Liedes – entweder im Kreis oder frei durcheinander.

Ich seh etwas

Helmut Meier

© Text + Musik: Helmut Meier

♩ = 117

Solo: Ich seh' etwas, was ihr nicht seht.
Chor: Er sieht etwas, was wir nicht seh'n.
Solo: Ich seh' etwas, was ihr nicht seht.
Chor: Er sieht etwas, was wir nicht seh'n.
Solo: Ich seh' etwas, was ihr nicht seht.
Chor: Er sieht etwas, was wir nicht seh'n und das beginnt mit „T". („B", „Sch", usw.)

V = Vorsänger/in – C = Chor

(V) Ich seh' etwas, was ihr nicht seht.
(V) Ich seh' etwas, was ihr nicht seht.
(V) Ich seh' etwas, was ihr nicht seht.

(C) Er sieht etwas, was wir nicht seh'n.
(C) Er sieht etwas, was wir nicht seh'n.
(C) Er sieht etwas, was wir nicht seh'n und das beginnt mit:

(V) ... *(z. B.:)* „T" (Tafel, Telefon, Tornister) „B" (Buch, Bleistift) „Sch" (Schreibheft, Schulbuch).

Spielidee

Der Vorsänger überlegt sich einen Gegenstand, den er in unmittelbarer Umgebung (Klassenraum, Schulhof, Turnhalle) sieht. Dann singt er und der Chor wiederholt in der 3. Person, wie das in diesem Lied auf der CD auch gemacht wird. Nach der dritten Chorwiederholung singt der Vorsänger: „und das beginnt mit ..." und nennt den Anfangsbuchstaben des ausgesuchten Gegenstands.
Der Chor versucht, den Gegenstand zu erraten. Wer den Gegenstand als Erster richtig rät, wird nächster Vorsänger.

Das verrückte ABC

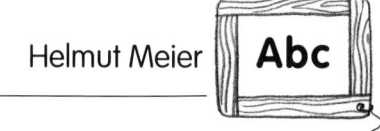

Helmut Meier

© Text + Musik: Helmut Meier

♩ = 120

Antonia brät Claudia die elfte Frikadelle. Göran hustet immerzu, Jana kocht Libelle. Merle nascht Orangensaft, Peter quakt „Revolution!" Sarah töpfert Uhren, Vera wienert's Xylophon. Yvonne zaubert. Ypsilon Z.

Sologesang	Chorgesang		
Antonia brät Claudia	A	B	C
die elfte Frikadelle.	D	E	F
Göran hustet immerzu.	G	H	I
Jana kocht Libelle.	J	K	L
Merle nascht Orangensaft.	M	N	O
Peter quakt „Revolution!"	P	Q	R
Sarah töpfert Uhren.	S	T	U
Vera wienert's Xylophon.	V	W	X
Yvonne zaubert.	Y	Z	

Spielidee

Die ganze Klasse singt das Lied mit Ausdruck: wie ein Opernsänger bzw. eine Opernsängerin, wie ein Rockstar oder ganz leise. Oder: Vorsänger(in) und Chor singen mit gegensätzlichem Ausdruck: z. B. traurig – sehr fröhlich oder umgekehrt. Weitere Möglichkeiten: dramatisch – leichthin; erschüttert – unberührt; ärgerlich – gut gelaunt.

Helmut Meier: Coole Lieder zum ABC
© Persen Verlag

Übersicht: Lieder auf der CD

Anzahl der Titel: 34   CD-Dauer: 67:02:50

Titel	Name	Länge
1	Alles cool	03:09:60
2	Anton, der Affe	01:13:37
3	Berta, die Bärin	02:10:62
4	Dora, das Dromedar	01:51:17
5	Emil Esel	01:52:71
6	Klick klack Kieselstein	00:56:44
7	Lila Blaulicht	02:13:10
8	Das M	02:04:14
9	Nina Nashorn	01:52:12
10	Kein Platz im Bus	02:39:60
11	Der Rabe fand die Rübe	01:32:44
12	Der Storch	01:05:68
13	Vogel-V und Fußball-F	01:43:40
14	Wie, wann, wo	02:43:49
15	Zickzack Schabernack	02:14:53
16	Ich seh etwas	01:37:21
17	Das verrückte Abc	01:52:30
18	Alles cool – Playback	03:10:42
19	Anton, der Affe – Playback	01:13:38
20	Berta, die Bärin – Playback	02:09:63
21	Dora, das Dromedar – Playback	01:51:19
22	Emil Esel – Playback	01:52:73
23	Klick klack Kieselstein – Playback	00:56:44
24	Lila Blaulicht – Playback	02:12:13
25	Das M – Playback	02:04:14
26	Nina Nashorn – Playback	01:52:13
27	Kein Platz im Bus – Playback	02:39:58
28	Der Rabe fand die Rübe – Playback	00:02:00
29	Der Storch – Playback	01:07:68
30	Vogel-V und Fußball-F – Playback	01:43:63
31	Wie, wann, wo – Playback	02:43:49
32	Zickzack Schabernack – Playback	02:14:72
33	Ich seh etwas – Playback	01:37:21
34	Das verrückte Abc – Playback	01:52:41